AF263101

RAPPORT

SUR LA

COLONISATION DU GABON

ET

DE L'AFRIQUE CENTRALE.

NANTES.

IMPRIMERIE WILLIAM BUSSEUIL,
RUE SANTEUIL, 8.

Mai 1848.

1851

RAPPORT

SUR LA

COTE OCCIDENTALE D'AFRIQUE

A L'EFFET D'Y FONDER DE GRANDS ÉTABLISSEMENTS

ET D'Y FÉCONDER LA CULTURE DU COTON DANS NOS COMPTOIRS.

———

A Monsieur le Ministre de la Marine et des Colonies

Paris.

MONSIEUR LE MINISTRE,

Lutte du Commerce français, contre la Concurrence étrangère.

Le commerce maritime en France a soutenu, jusqu'à ce jour une lutte ruineuse, contre ses rivaux les Anglais et les Américains ; dans ces pays l'esprit public comprend la nécessité d'agrandir les débouchés du commerce maritime et de la production nationale ; il comprend l'importance immense d'ouvrir à l'activité manufacturière et industrielle de nouveaux marchés ; il sait protéger sur tous les points du globe la navigation marchande, élément le plus puissant de la richesse et des forces d'un Etat.

En France, jusqu'à ce jour des dépenses fort utiles, sans doute, ont été faites à l'intérieur ; mais quand il s'est agi du commerce extérieur, c'est à peine si quelques hommes pleins d'énergie et de convictions ont pu faire concevoir les avantages qu'offre l'écoulement des produits manufacturés à l'étranger, et recevoir, par notre pavillon, en échange, les matières premières ; ce n'est qu'avec une peine infinie qu'ils sont parvenus à obtenir de l'ancien gouvernement une faible partie de la protection financière à l'effet de retarder pendant quelques temps la ruine de nos armements.

Chaque jour nous voyons, non sans inquiétude pour l'avenir, notre marine marchande repoussée des marchés étrangers par la concurrence des Anglais et des Américains ; chaque jour les documents officiels nous montrent notre pavillon céder au pavillon étranger la place, que seul il devrait occuper à l'importation en France ; chaque jour nous voyons notre navigation nationale resserrée, limitée et se bornant à quelques transports insignifiants avec nos quelques colonies.

Une ère nouvelle vient de s'ouvrir pour la France, la République nous garantit que le gouvernement actuel nous donnera, ce que le commerce n'avait pu obtenir jusqu'à ce jour.

Protection efficace pour l'écoulement des produits industriels, manufacturiers et agricoles ; encouragements et concours pour nous ouvrir de grands centres de consommation, d'où nous puissions par notre pavillon obtenir en échange des matières premières.

Protection Maritime. Dans la protection ne gît pas la prospérité commerciale d'une grande nation, il faut à une République comme la France, qu'elle puisse aller chercher, elle-même, avec ses propres vaisseaux, toutes les matières premières nécessaires à ses manufactures, à ses fabriques ; il lui faut des établissements assez étendus pour procurer d'utiles échanges aux produits de son sol, afin d'agrandir chaque jour le centre de son mouvement commercial. Il ne faut pas d'efforts infructueux, car l'esprit public en France est encore ignorant de tout ce qui a trait au commerce ; il faut éviter de rendre plus grandes encore ces préventions ; il faut, en un mot, amener le pays à adopter des dépenses utiles, pour des établissements d'outre-mer ayant un avenir fécond en résultats pour notre pays.

Il faut que le gouvernement de la République, n'hésite pas, ne craigne pas de faire connaître les causes du défaut de débouchés ; il faut qu'il signale sans crainte les conditions nécessaires, indispensables au développement de notre commerce maritime et intérieur. Il faut qu'il fasse entrevoir dans l'avenir les résultats de la richesse nationale, par tout ce qu'on fait et font chaque jour nos rivaux en commerce.

Sous cette impulsion toute virile, toute puissante, les préventions disparaîtront et notre gouvernement n'aura plus à craindre de voir nos produits à l'exportation réduits à des proportions insignifiantes, en présence des exportations des autres peuples.

Points où des débouchés devraient être établis. Comme marin, j'ai recherché les points du globe ou le gouvernement pourrait se créer d'utiles et fructueux débouchés. J'ai étudié avec soin tout ce qui pouvait avoir trait au commerce, soit dans l'Inde, soit sur les côtes Est et Ouest d'Afrique, et plus particulièrement la côte Occidentale. Aussi est-ce sur cette partie de cet immense continent que je viens appeler l'attention du gouvernement provisoire.

Pendant mes divers voyages sur le continent africain, j'y ai vu des peuples consommateurs déjà accoutumés à nos produits. J'y ai vu un sol riche et fécond , pouvant nous procurer des matières premières qui nous rendent aujourd'hui tributaires du pavillon étranger.

De 1823 à 1843, nulle occasion ne s'était offerte qui me permit de tenter des établissements sur cette côte. En 1839, le commandement de la station de la côte d'Afrique fut donnée au capitaine de corvette Bouet. Doué d'un esprit actif, intelligent , il comprit à la vue de ce riche pays , tout ce que pouvait produire d'heureux résultats pour la France la création d'établissements. Il fit un rapport remarquable sur les nations et le commerce à la côte occidentale d'Afrique, et désigna en même temps divers points ou des comptoirs devaient être fondés. Il soumit son projet au Ministre de la Marine , qui s'empressa d'y donner son approbation.

La création des comptoirs décidée , avis en fut donné aux Chambres de Commerce , qui s'empressèrent d'y applaudir au nom de l'intérêt général, car elles entrevoyaient dans l'avenir un placement pour des produits manufacturés français , contre des matières premières qui alimenteraient nos fabriques.

Ce fut à cette époque que je me décidais à mettre à exécution l'idée que j'avais eue d'y développer certaines cultures : j'avais en parcourant l'intérieur de l'Afrique reconnu que les populations africaines fabriquaient des étoffes avec du coton. Je m'attachai à rechercher le *cotonnier*, et je le trouvais au Benin, à l'embouchure du Niger au Gabon ; dès ce moment j'eusse pu tenter une entreprise agricole ; je dùs cependant différer , le pavillon français ne pouvait me protéger.

Dès que je vis le protectorat de la France établi au Gabon , j'engageais le capitaine Amouroux, qui depuis vingt années fréquentait la côte occidentale d'Afrique à tenter cette entreprise avec moi.

Nous pensâmes que dans une tentative de cette nature et toute d'intérêt général , le gouvernement nous viendrait en aide dès que nous l'aurions mis à même d'apprécier, au moyen d'échantillon , la qualité du coton recolté au Gabon.

J'affrétais un navire (l'*Ossian*) dont le capitaine Amouroux prit le commandement , muni de mes instructions , à l'effet de se procurer les échantillons de coton et acquérir une vaste étendue de terres prepres à la culture. Pendant l'armement j'écrivis au Ministre de la marine , qui par sa lettre du 23 décembre 1843, approuva mon projet et ajoutait qu'il recevrait avec beaucoup d'intérêt le capitaine Amouroux.

Arrivé à Paris, mon capitaine obtint une audience du directeur des colonies; en l'absence du ministre, le directeur l'engageat vivement à poursuivre mon projet, dont le capitaine Amouroux lui laissa copie.

Le 18 janvier, le directeur des colonies, écrivant à l'un des députés de la Loire-Inférieure qui appuyait mon projet, s'exprimait ainsi :

« J'ai l'honneur de vous annoncer que déjà, par une dépêche du 13 janvier, le Ministre

» de la marine a transmis à M. le gouverneur du Sénégal une copie du mémoire déve-
» loppé, que M. A. Le Cour a adressé au département de la marine et que les entreprises
» de cet armateur ont été en même temps signalées à la sollicitude particulière de
» M. Bouet. Une copie de cette dépêche sera mise à bord du navire même que M. Le Cour
» doit expédier du Havre au Gabon, et si M. Bouet, qui va faire une tournée dans le
» golfe de Guinée, ne se trouve pas au comptoir quand M. Amouroux y arrivera, la lettre
» du Ministre sera ouverte par le commandant de la factorerie, qui reconnaîtra ainsi tout
» l'intérêt que les vues de votre compatriote inspirent au gouvernement. »

Encouragé dans mes tentatives par MM. Bignon, le contre-amiral Le Ray, le directeur des colonies et le Ministre de la marine, j'expédiais le navire l'*Ossian*. Il fit voile du Havre le 20 janvier 1844, emportant une cargaison composée de produits français, propres aux échanges. Après une traversée heureuse, le capitaine Amouroux atteignit le Gabon ; il y conclut d'accord avec le gouverneur du Sénégal, qui se trouvait sur les lieux et en présence du commandant de la station (M. le Baron d'Arricaut), un traité avec le Roi Denis (rive gauche du Gabon), sous la date du 4 avril 1844. Ce traité portait concession de toutes les terres cultivables du territoire du chef Denis, et il s'engageait à me fournir tous les bras nécessaires à la culture (1).

Le capitaine Amouroux, après avoir parcouru le pays et recueilli des échantillons de coton, à l'état sauvage, mit à la voile du Gabon, le 4 juin 1844, pour France. Le 10 août il entrait au Havre et me faisait part des heureux résultats de son voyage.

A mon arrivée au Havre, je chargeais les courtiers en coton de reconnaître l'espèce et la nature de ce lainage importé par le capitaine Amouroux.

Les courtiers, après un examen scrupuleux, déclarèrent que ce coton était bien *positi-vement* apte à entrer en concurrence avec diverses sortes de coton d'Amérique et du Pérou, et particulièrement avec ceux de la Côte-Ferme et devait fixer l'attention de nos filateurs, soit pour le filer seul, soit pour le mélanger avec de la laine, car il paraissait appelé à diverses combinaisons par la nature de sa soie (2).

Muni de ce certificat et des échantillons de *coton*, je me rendis à Paris ; j'obtins de suite une audience de M. le directeur des colonies, je lui fis part du résultat de mes tentatives, je lui mis sous les yeux les échantillons et le plan de la concession, de même que le traité.

MM. le directeur et sous-directeur des colonies, reconnurent tout ce qu'il y aurait d'a-vantageux pour la France à développer la culture du *coton* au Gabon, sur une grande et vaste échelle ; ils reconnurent tout ce que pouvait produire d'heureux avantages pour notre commerce maritime des plantations nombreuses qui nous permettraient de rendre

_____

(1) Voir pièces à l'appui, traité passé avec le chef Denis.
(2) Voir pièces à l'appui, certificat des courtiers du Havre, en date du 26 août 1844.

à notre pavillon le transport des cotons, monopole dont jouissent aujourd'hui les Américains, comme étant les seuls producteurs.

Il m'engagèrent donc à formuler par écrit les demandes que je leur adressais alors verbalement (3).

Le 1ᵉʳ septembre 1844, j'écrivis au Ministre de la marine et des colonies. Le directeur des colonies me fit bientôt connaître que le gouvernement n'avait pas de fonds dont il put disposer ; qu'il faudrait pour atteindre ce but avoir recours aux chambres . que tout ce que le Ministre pouvait faire, c'était de me seconder par des mesures qu'il prendrait, afin de nous donner tout l'appui possible.

Je m'adressais alors au Ministre des affaires étrangères. M. le Ministre me répondit qu'il avait lu avec intérêt l'exposé de mon projet, mais que son département ne possédait pas de fonds (4).

M. le Ministre du commerce, auquel j'avais également écrit, me répondit, sous la date du 13 décembre 1844, qu'il n'avait point perdu de vue une affaire de cette importance, qu'il avait remis aux comités de l'agriculture et des manufactures les échantillons et qu'il attendait leur réponse (5).

Quelques temps après, M. Lavollée me fit part que le rapport du comité était en tout conforme à celui délivré par les courtiers du Havre.

Certain que les résultats devaient couronner mes efforts, loin de me décourager, par le refus d'allocation de la part de l'état, je me décidais à poursuivre mon entreprise, non sur une vaste échelle, comme je l'avais conçue dans l'intérêt de mon pays, mais sur des bases plus réduites. J'achetais avec quelques amis un navire de 400 tonneaux, j'en donnais le commandement au capitaine Amouroux qui, par son influence, avait obtenu la concession, et le navire chargé de produits manufacturés français, fit voile pour le Gabon, le 22 novembre 1845.

Le capital engagé dans cette nouvelle entreprise s'élevait à un chiffre important, car outre la cargaison d'échange, le capitaine importait des instruments aratoires pour commencer quelques cultures.

Je demandais en même temps des graines de coton aux Etats-Unis, sur ma demande, le Ministre de la marine donna l'ordre de les charger sur un navire de l'état à destination du Gabon.

Je dois l'avouer, qu'il y avait loin de cette protection banale à celle que je réclamais et dont j'avais besoin pour réussir; qu'il y avait loin d'une simple exploitation particulière, à celle faite avec le concours de l'état, fournissant les fonds nécessaires à

---

(3) Voir pièces à l'appui.
(4) Voir aux pièces justificatives.
(5) *Idem.*

une exploitation sur une large base dont le succès eût appelé tout le commerce français à y prendre part.

J'insistais avec force près du gouvernement pour lui prouver que, si avec son concours, je réussissais à organiser le travail parmi les peuplades, l'avenir nous appartenait.

Le 5 avril 1845, je signalais à M. le directeur des colonies, les efforts tentés par le capitaine Becroft qui, commandant le bateau à vapeur l'*Ethiopien*, était revenu à Liverpool, chargé de précieux échantillons, parmi lesquels figuraient l'indigo et le coton recueillis par lui dans le Niger, près de Rabba, à 300 kilomètres dans l'intérieur, il apportait aussi de la gomme copale, de la cire, des épices et des peaux.

Je lui faisais part du concours du gouvernement anglais, pour mettre le capitaine Becroft et ses armateurs, MM. Jamosen and C°, de Liverpool, à même de continuer ses

tentatives. Je lui faisais entrevoir tous les avantages que nous pourrions retirer d'une semblable exploitation d'établissements créés au centre de l'Afrique ; pendant que sir Robert Peel faisait tous ses efforts pour introduire la culture du coton au cap de Bonne-Espérance et à Algoa-Bay sur la côte Natale. Je lui représentais le pavillon anglais pouvant, dans un temps plus ou moins rapproché, se soustraire au monopole des américains. Je lui exposais que la France n'était pas moins intéressée que l'Angleterre à ce changement, à la condition qu'elle cultivât elle-même, pour son propre compte cette matière première.

Le 29 avril 1845, je faisais part au directeur des colonies que je venais de recevoir une lettre du capitaine Amouroux, qui m'annonçait que le chef Denis, sur les seules indications qu'il lui avait donné à son précédent voyage, avait récolté une assez grande quantité de coton supérieur en qualité aux échantillons qu'il m'avait apporté.

L'*Athénaïs* revint à Nantes, le 4 juillet 1845, avec un chargement composé d'ivoire, cire et bois de sandal. Pendant son séjour de quatre mois, M. Amouroux avait exploré toute la concession. Partout il avait trouvé une végétation luxuriante, il reconnut en traversant, non sans fatigue, les forêts vierges, le caoutchouc, le touloucouna ; les cannes à sucre qu'il avait planté à son premier voyage étaient de toute beauté ; les

arrachides et le coton y réussissaient parfaitement ; mais il pensait que pour s'y placer convenablement, il était nécessaire que le gouvernement y fonda un grand établissement. Dans ma lettre du 6 juillet 1845, au Ministre de la marine, je lui signalais toutes les difficultés à vaincre contre la concurrence des Anglais.

Le 22 juillet 1845, une dépêche du Ministre de la marine au Commissaire général de Nantes, lui faisait part de la sollicitude du gouvernement pour mon entreprise, et

sous la date du 1er août 1845, je prenais l'engagement près de M. le directeur des colonies d'employer le produit des frets de l'état dans des tentatives de culture au Gabon.

Le 13, même mois, sur les indications de M. Galos, je sollicitais le Ministre à l'effet de me protéger efficacement dans mes cultures. Le 26 août, j'offrais au Ministre s'il voulait me confier un bateau à vapeur, d'y placer une cargaison d'échange et de remonter le Niger. Cette exploration commerciale et politique devait être confiée à M. Arégnaudeau, lieutenant de vaisseau, qui, comme moi avait commandé pendant plusieurs années sur la côte occidentale d'Afrique. Je lui faisais entrevoir tous les avantages que la France pouvait en retirer. Ainsi, des traités de commerce avec les peuples de l'intérieur, peut être même le protectorat de la France sur une grande partie de cet immense fleuve. Malheureusement pour moi, M. le commandant Bouët était à Paris, il pensa que cette excursion ne devait être entreprise que par l'état seul et se chargeât de la réaliser. Le bateau à vapeur destiné à remonter le Niger se perdit à Assinim, et depuis lors, il n'en fut plus question.

<table>
<tr><td style="width:22%;vertical-align:top;font-size:smaller">Rapport au Ministre sur l'organisation du Gabon.</td><td>Le 16 septembre, je signalais au Ministre ce qu'il y avait de vicieux dans l'organisation du Gabon ; je lui représentais le peu de sécurité que pouvait offrir pour le commerce cette immense baie peuplée d'une multitude de chefs, et je l'engageais à centraliser la puissance entre les mains d'un seul, le chef Denis.</td></tr>
<tr><td style="vertical-align:top;font-size:smaller">J'adresse au Ministre les instructions pour les agents allant s'établir au Gabon, il les approuve.</td><td>Le 8 décembre 1845, j'adressais au Ministre de la Marine copie des instructions que je remettais aux agents qui, sous la conduite du capitaine Amouroux, allaient faire voile pour le Gabon, afin de s'y établir.

Il me fit l'honneur, dans une réponse toute bienveillante, d'approuver mes vues et mes idées.</td></tr>
<tr><td style="vertical-align:top;font-size:smaller">Nouveau départ de l'Athénais.</td><td>L'Athénaïs fit voile en décembre, avec tout le matériel nécessaire pour y fonder un établissement, les ustensiles et instruments nécessaires à la culture, et des marchandises pour solder pendant une année les travailleurs.</td></tr>
<tr><td style="vertical-align:top;font-size:smaller">Le capitaine Amouroux établit les agents au Gabon.</td><td>A son arrivée au Gabon, le capitaine Amouroux plaça nos agents dans la maison qu'il avait fait bâtir pour les recevoir. C'est ici que commence une suite de difficultés qui amenèrent la ruine du premier établissement agricole fondé sur cette partie de la côte occidentale d'Afrique.</td></tr>
<tr><td style="vertical-align:top;font-size:smaller">Faute de protection le chef Denis refuse d'exécuter son traité.

Les Missionnaires Anglais s'opposent à nos efforts.</td><td>Tout d'abord, le chef Denis s'était engagé, par son traité de concession, à nous fournir tous les bras dont nous pourrions avoir besoin. Sous l'influence des missionnaires protestants, loin de remplir cette première condition de son traité, il mit tout en usage pour empêcher nos travaux. Le contraindre était chose impossible, car le blockau et les quelques soldats qui le gardaient étaient sur l'autre rive et impuissants pour faire respecter un droit acquis à un Français, et sanctionné par la ratification du Ministre de la Marine.</td></tr>
<tr><td style="vertical-align:top;font-size:smaller">Mort de l'agent principal.

Abandon des travaux par le 2e Gérant.</td><td>Bientôt la maladie s'empara de celui qui dirigeait l'établissement ; il succomba, non sous l'influence du climat, mais bien par suite d'une maladie particulière. Le deuxième gérant prit la direction, mais seul, sans surveillance du gouvernement, il laissa de côté la culture pour se livrer au commerce de la troque, avec les marchandises appartenant à</td></tr>
<tr><td style="vertical-align:top;font-size:smaller">3e voyage du capitaine Amouroux, il obtient une nouvelle concession.</td><td>l'établissement, se mêlant à toutes les intrigues des chefs et souvent agissant contre les véritables intérêts de la France. Aussi, lorsque le capitaine Amouroux revint au Gabon,</td></tr>
</table>

à son troisième voyage, avec l'ordre d'établir une factorie et une cafetererie, sur la nouvelle concession que j'avais obtenue du chef Quaben., et que le gouvernement français m'avait reconnu , trouva-t-il Punta-Mina abandonné, le matériel perdu , les vivres vendus ou dissipés., et pas une seule pièce de marchandise de celles qui avaient été données pour payer les travailleurs.

Il condamna sévèrement la conduite de cet agent , et lui laissa la faculté de prendre passage sur son navire pour venir rendre compte de sa conduite , ou bien partir sur un autre navire.

M. Amouroux, quoique vivement affecté de tant de malheurs , voulut prouver au gouverneur que la culture était chose facile dans ce pays, et pendant les quelques mois qu'il resta au Gabon à composer sa cargaison de retour , il fit planter des cannes à sucre,. des champs d'arrachides qui prospèrent d'une manière admirable. Il me fit connaître que les naturels non seulement ramassaient avec soin le coton sauvage pour leur usage, mais que l'ayant vu cultiver, il s'en occupait.

Les pertes que j'ai éprouvées sont graves , aussi ai-je dû engager mes amis, MM. P. Ciret François, Baudot,. Ducarey et Amouroux de Nantes, et MM. Lecouret de Rennes, à suspendre toutes nouvelles tentatives , jusqu'à ce que nous puissions obtenir *soit un appui direct* du gouvernement, *soit la fondation d'une grande société nationale* qui nous permît , par l'importance des capitaux , de surmonter toutes les difficultés qui s'attachent à toute grande entreprise commerciale.

Est-ce à dire que le Gabon ne puisse être colonisé? Loin de là ! Le capitaine Amouroux qui est remonté dans l'intérieur des rivières qui se jettent dans cette immense baie , y a trouvé des peuples d'un caractère doux et cultivateurs ; il y a vu des instruments fabriqués avec le fer du pays et de première qualité.

Qu'on ne dise pas non plus que le Gabon est un pays malsain , car les faits sont là pour prouver le contraire. Ainsi., du moment où le commandant Brisset a eu dégagé le Blockau des arbres qui l'entouraient, les fièvres ont disparu , et celui qui a su ne pas s'exposer sans nécessité aux chaleurs du milieu du jour, peut tout aussi bien qu'à Cayenne vivre dans ce pays.

Ce qu'il faut pour y coloniser , c'est d'y fonder un établissement qui en impose aux naturels ; réunir dans une seule main tous ces pouvoirs aux mains de trente à quarante chefs, agissant suivant leur bon plaisir ; faire en sorte que des relations s'établissent avec Batna, situé à 40 lieues dans l'intérieur, et avant peu on aura détruit le monopole que les chefs de la côte se sont créer ; établir des missionnaires catholiques pour combattre chez les indigènes l'influence du protestantisme qui., agissant sur les chefs indigènes par de riches présents, est tout puissant ; en un mot, faire en sorte que notre protectorat ne soit pas une lettre morte.

La France a besoin de grands centres de consommation ; il lui aut des marchés pour écouler ses produits manufacturés ; fortement établie au Gabon, elle peut de ce point diriger ses expéditions par le *delta du Niger*, à l'intérieur de l'Afrique, et nul doute qu'avant peu elle n'obtienne que ce vaste continent devienne un marché réservé. Certes, l'Algérie est une conquête utile au pays, mais si les millions qui ont été employés à faire la conquête de ces peuples guerriers, avaient été livrés à une grande compagnie, nul doute que l'Afrique toute entière ne fut aujourd'hui française.

Il appartient au gouvernement de la république d'entrer avec fermeté dans cette nouvelle voie, qu'elle donne aux hommes pratiques les moyens qui leur manque ; qu'elle les protége dans leurs audacieuses tentatives et avant peu des résultats seront obtenus : Ce que l'*individualisme* ne peut créer, l'*association avec le concours de l'Etat* peut seul le faire.

Les faits que je viens d'énumérer l'ont assez prouvé ; obligé de marcher seul, pas à pas, dans la voie d'améliorations utiles à mon pays, j'ai succombé, et si j'avais été à la tête d'une grande association ou agissant avec les capitaux mis en mes mains par l'Etat, ce qui a été une cause de ruine pour moi, ne m'eût pas arrêté un seul instant, et j'eusse doté mon pays du coton et du transport de cette matière encombrante.

Quand le gouverneur du Sénégal, les directeurs-généraux, tous les ministres sont d'avis que la culture du *coton* dans une colonie française serait une véritable source de richesse pour le pays, comment se fait-il que depuis quatre ans, pas un homme d'Etat ne me soit venu en aide pour doter la France de ce produit. Quatre ans de perdus, c'est l'avenir perdu si l'Angleterre nous devance. Nous avons vu naguère sir Robert Peel abolir la taxe sur les cotons, dans l'unique but de favoriser l'immense production anglaise et cette franchise de tous droits permet au commerce de la Grande-Bretagne de soutenir avec avantage, pendant quelques années, la lutte contre les Américains ; mais le gouvernement anglais n'ignore pas que les Etats-Unis sont à la fois producteurs et consommateurs, et que leur production, activé par la vapeur, doit aller toujours croissant ; le gouvernement anglais n'ignore pas que les mêmes obstacles que rencontre en ce moment le commerce anglais, se représenteront de nouveau, tant que l'Angleterre sera forcée de s'approvisionner de coton aux Etats-Unis ; aussi encourage-t-il des compagnies à se fonder pour arriver à la culture du coton au Cap, à la côte Natale, à Algoa-Bay et dans l'Inde, en les aidant par tous les moyens en son pouvoir.

La France ne peut rester indifférente, en présence des efforts que tente l'Angleterre pour s'affranchir du monopole américain : elle doit aussi, de son côté, se mettre sans retard à l'œuvre ; elle doit faire tous ses efforts pour atteindre le même but, afin de fournir à ses manufactures les moyens de lutter au dehors contre la concurrence anglaise et américaine, elle y est intéressée, comme puissance de premier ordre. Elle ne peut

Besoin de la France d'avoir de grands centres commerciaux.

C'est au gouvernement à entrer avec courage dans cette voie.

Association de travailleurs à fonder par le concours de l'État.

Opinion de sir Robert-Peel, sur les avantages de la culture du Coton dans les Colonies Anglaises.

La France doit s'affranchir du monopole Américain.

rester en arrière; il faut qu'elle marche, sous peine de voir son commerce maritime s'anéantir, et avec lui sa puissance navale et sa puissance politique.

Demande adressée au Ministre de la Marine et des Colonies pour fonder un grand établissement au Gabon.

C'est donc avec confiance, monsieur le ministre, que je m'adresse à vous, car je n'en fais aucun doute, mes efforts auront votre approbation ; c'est avec confiance que je viens réclamer votre bienveillant appui pour me faire obtenir les fonds nécessaires pour développer la culture du coton sur une grande échelle au Gabon. *Soit par le concours direct de l'Etat, soit en garantissant un minimum d'intérêt à une société nationale qui serait créée sous la direction immédiate de l'Etat. Dans ce cas, je demanderai à ce qu'un bureau spécial de colonisation fut créé* à Paris, afin de donner à cette entreprise tout le développement qu'elle comporte.

Avantages résultant de la colonisation du Gabon.

Je ne terminerai pas, monsieur le Ministre, ce long rapport, sans vous exposer les avantages que les autres colonies peuvent retirer de la colonisation du Gabon.

L'émancipation décrété, il faudra des bras libres à Cayenne, à la Martinique et à la Guadeloupe. Déjà l'Angleterre prend à la côte de Crew, les bras nécessaires à la Jamaïque, à Berbiee et aux autres îles sous le vent. Par le Gabon nous pourrons, non-seulement fournir aux Antilles les bras dont elles auront besoin ; mais développer a Cayenne la culture sur une large base.

Nécessité de pénétrer dans l'Afrique par le Niger.

Il ne faut pas perdre de vue, également, que tout en créant un grand établissement, il faut que le *Niger* soit français, et dès-lors nous devons pousser avec persévérance nos explorations, jusqu'au lac de Chadda. C'est alors seulement que nous aurons acquis un grand et vaste marché, dont la conquête, commencé par la guerre de l'Algérie, s'achèvera pacifiquement par le commerce.

Je me mets à la disposition du gouvernement pour faire réussir cette colonisation.

Si ce rapport, monsieur le Ministre, vous paraît digne d'intérêt, si les connaissances pratiques que l'expérience de mes voyages maritimes m'a fait acquérir peuvent être utiles à mon pays, veuillez disposer de moi, je me mets entièrement à votre disposition, heureux de concourir à faire, par mes idées, progresser le commerce national.

Veuillez agréer,

Monsieur le Ministre,

L'assurance de ma haute considération,

A. LE COUR,

Ancien capitaine au long-cours, ancien membre de la Chambre de Commerce et du Tribunal de Commerce

Nantes, le 18 mai 1848.

PIÈCES

A L'APPUI DU RAPPORT.

--- * ---

Traité avec le chef Denis.

Traité avec le chef Denis.

Nous soussigné , roi Denis , de la rive gauche du Gabon , d'une part , et J.-B. Amouroux , capitaine au long-cours, demeurant à Nantes , agissant en son nom et celui de M. A. Le Cour, négociant, demeurant à Nantes, d'autre part, sommes convenus de ce qui suit :

Art. 1er. — Le roi Denis cède en toute propriété à MM. A. Le Cour et J.-B. Amouroux toutes les terres cultivables de son territoire, et leur accorde la libre navigation des criques et canaux y compris, leur laissant le droit de disposer comme bon leur semblera de cette propriété, de bouleverser, cultiver quand et comme il leur conviendra.

Art. 2. — Le roi Denis recevra en paiement de cette concession, pendant sa vie durant , ses héritiers n'y ayant droit, le dixième du bénéfice net, provenant de la culture faite sur les terres par lui cédées, après les ventes et les rentrées effectuées en Europe.

Art. 3. — Le roi Denis s'engage à fournir le nombre de travailleurs nécessaires à l'exploitation et à la culture des susdites terres, lesquels seront au compte du propriétaire.

Fait double et de bonne foi, ce jour 4 avril 1844.

Signé : J.-B. Amouroux , Denis , Akandre , témoin ;
Petit Denis , témoin.

Vu :

Le capitaine de l'*Eperlan* , commandant le stationnaire dans la rivière du Gabon ,
Baron d'Arricault.

LETTRE DE M. DE MACKAU, MINISTRE DE LA MARINE ET DES COLONIES, 29 AOUT 1845.

Ratification de la concession par le Ministre de la Marine.

Monsieur, dans l'intérêt de la formation plus prompte de la société qui doit concourir au développement de votre entreprise de colonisation au Gabon , vous demandez que mon département s'explique d'une manière spéciale sur les dispositions premières qu'il se propose de prendre pour la protection de vos établissements sur ce point.

J'accède d'autant plus volontiers au désir que vous exprimez, qu'il me suffit de vous réitérer les assurances que je vous ai déjà données à cet égard sous la date du 29 novembre 1844 et 5 août dernier. Je me plais donc à vous répéter ici que je *considère* comme placé de plein droit sous la garantie du gouvernement français, le contrat privé qui vous a rendu acquéreur, sur la rive gauche du Gabon, des portions de territoire que vous destinez à vos établissements, etc.

Signé : Baron de Mackau.

PROCÈS-VERBAL DES COURTIERS DU HAVRE, EN DATE DU 26 AOUT 1844.

Nous soussignés , courtiers de commerce, assermentés près la bourse du Havre , déclarons que M. A. Le Cour nous ayant remis un échantillon coton , provenant du Gabon (côte occidentale d'Afrique), apporté en ce port par le navire *Ossian* , capitaine Amouroux , entré le 18 présent mois. Nous l'avons examiné avec le soin le plus scrupuleux , et nous avons reconnu que ce lainage était bien *positivement* apte à entrer en concurrence avec diverses sortes des cotons d'Amérique et du Pérou, et particulièrement avec ceux de la Côte-Ferme , et devra fixer l'attention de nos filateurs, soit pour le filer seul, soit pour le mélanger avec de la laine ; car il paraît appelé à diverses combinaisons par la nature de sa soie.

Les soins que recevra ce lainage, soit dans sa culture, sa cueillette et son moulinage , devront développer des qualités que son état sauvage empêche de bien apprécier. Par exemple , la culture développera sa finesse ; sa cueillette à point développera sa longueur, son égalité et sa force, et son nettoyage son coup-d'œil, sa netteté et sa facilité à être filé. En laissant de côté tout ce que l'on est en droit d'obtenir par un bon savoir-faire , nous pouvons hardiment l'estimer à un franc trente centimes et un franc quarante centimes le kilogramme. En foi de quoi nous avons signé le présent , pour servir et valoir ce que de raison.

Havre, 26 août 1844.　　　　　　　　　　　　　　　　E. OUSILLE , A. MELUN.

'Pour légalisation :

Le syndic des courtiers du Havre ,

Signé MILLES.

LETTRES ADRESSÉES A MM. LES MINISTRES DES AFFAIRES ÉTRANGÈRES , DE LA MARINE ET DU COMMERCE , EN SEPTEMBRE 1844.

Monsieur le ministre ,

J'ai l'honneur de vous adresser sous pli un rapport sur les avantages que peut présenter la culture du coton sur le territoire qui vient de nous être concédé par le roi Denis , rive gauche du Gabon. De même que l'exposé des vues que nous nous proposons en créant cette exploitation agricole au centre de ces riches contrées ; exploitation qui doit tourner au profit du commerce extérieur de la France et à l'écoulement de nos produits manufacturés ;

1º Une copie du traité passé avec le chef Denis ;

2º Un certificat des courtiers du Havre ;

3º Un échantillon de coton récolté au Gabon.

Dans une conférence que nous avons eue avec M. Galos , directeur des colonies , il nous a engagé à formuler d'une manière positive ce que nous désirions obtenir du gouvernement pour arriver à créer un établissement agricole qui pût servir de modèle à tous ceux qui voudraient cultiver dans ces contrées Nous venons, en conséquence , vous soumettre les demandes que nous lui avons adressées , pensant que vous voudrez bien les appuyer. Nous demandons :

1º Qu'une avance de fonds nous soit faite par l'État pendant quatre années , avances dont le versement annuel serait ultérieurement fixé par nous , sans dépasser le chiffre de 500,000 fr. ;

2º Pour garantie de cette avance, nous offrons à l'État la moitié du net produit provenant de la culture des terres et de l'exploitation des bois, et ce jusqu'à parfait paiement.

3º Tout le matériel en habitation, instruments, etc., etc., seront la garantie de l'État jusqu'à parfait paiement.

Il y a , Monsieur le Ministre, quelque chose de supérieur aux garanties que nous offrons à l'Etat , c'est le désir qui nous anime , le capitaine Amouroux et moi , à l'effet de fonder une colonie qui puisse profiter à la France.

Tous les deux nous connaissons la côte occidentale d'Afrique.

Tous les deux nous avons longtemps parcouru ces contrées.

Tous les deux nous sommes à même d'apprécier plus que tous autres ce que peut produire ce sol encore vierge et si riche en produits. Si , contre notre attente , vous jugiez avec vos collègues que l'Etat ne peut nous faire une avance de capitaux , nous demanderions alors , une ordonnance nous autorisant à fonder une société par actions , afin d'exploiter notre concession. Nous serions heureux , Monsieur le Ministre , d'apprendre que vous êtes entré dans les *vues pratiques* que nous vous exposons.

LETTRE DU MINISTRE DU COMMERCE, EN DATE DU 17 AVRIL 1845.

J'ai reçu , Monsieur, la lettre que vous m'avez adressée, le 28 mars dernier, et par laquelle , après avoir rappelé les diverses demandes que vous avez faites pour obtenir une modération de droits en faveur de certains produits du Gabon , vous sollicitez un encouragement pécuniaire pour aider l'exploitation que vous entreprenez dans ce pays.

Le budget de mon département ne comporte aucun fonds spécial sur lequel pourrait être pris l'encouragement que vous réclamez. C'est au département de la Marine que vous devez vous adresser pour cet objet.

Quant aux modérations de droits qui pourraient être accordées à certains produits du Gabon , la question a déjà préoccupé le Gouvernement; elle offre des difficultés que je désirerais pouvoir applanir et qui vont être l'objet d'un sérieux examen.

Le Comité consultatif des Arts et Manufactures que j'avais chargé, comme je vous l'ai annoncé le 13 décembre dernier, d'examiner les échantillons de *coton* que vous m'aviez transmis , vient de me faire parvenir son avis. Confirmant l'opinion émise par les courtiers du Havre , le Comité déclare *que le coton dont il s'agit pourra trouver un bon emploi dans la fabrication* , surtout lorsqu'il aura été récolté avec soin et offert au commerce dans un meilleur état de netteté et de propreté.

Je communique ce rapport à M. le Ministre de la Marine.

LETTRE DU MINISTRE DU COMMERCE , SOUS LA DATE DU 3 MARS 1846.

Monsieur le Ministre de la Marine m'a entretenu, Monsieur, de la demande que vous lui aviez adressée à l'effet d'obtenir que les cotons récoltés dans les établissements de culture fondés par vous au Gabon , fussent admis en France au privilége colonial ; c'est-à-dire sous le paiement du droit spécial de 5 fr. par 100 kilog.

Je m'empresse de vous annoncer que M. le Ministre des Finances , auprès duquel j'ai appuyé la demande , vient de décider que les cotons dont il s'agit seraient traités comme ceux qui proviennent de nos colonies , pourvu que leur origine fût duement constatée.

Signé CUNIN-GRIDAINE.

TRAITÉ DE CONCESSION PASSÉ AVEC LE CHEF QUABEN , RIVE DROITE DU GABON.

Entre nous soussignés , Quaben , roi sur la rive droite du Gabon, d'une part ; et J.-B. Amouroux, capitaine au long-cours , demeurant à Nantes , agissant en son nom et en celui de M. A. Le Cour négociant à Nantes , d'autre part ; il a été convenu et arrêté ce qui suit :

ARTICLE PREMIER. — Le roi Quaben cède en toute propriété à MM. Le Cour et Amouroux, la partie de son territoire comprise entre deux lignes parallèles entr'elles, partant de la rive du fleuve et passant, l'une par une borne touchant le chemin appelé *Bridjane*, et l'autre par une autre borne touchant le ruisseau appelé *Alloué-Odoyoranza* et toutes les deux perpendiculaires à une ligne droite joignant ces deux bornes. La propriété s'étendra jusqu'à huit kilomètres dans l'intérieur.

Art. 2. — Le roi Quaben ne pourra ni céder, ni abattre les arbres qui entourent la susdite concession qu'au-delà d'une distance de vingt mètres.

Art. 3. — La fontaine appelée *Bélé*, qui se trouve située dans le Nord-Ouest et près de la propriété, ne sera commune qu'entre le roi Quaben et MM. A. Le Cour et Amouroux, sans pouvoir être comblée ni vendue.

Art. 4. — MM. A. Le Cour et Amouroux seront libres de disposer des terres à eux vendues, quand et comme bon leur semblera.

Art. 5. — MM. A. Le Cour et Amouroux s'engagent à payer au roi Quaben pour prix d'achat de son terrain, cinq pour cent sur le net produit des cultures des terres vendues par lui, plus une barrique de rum qui lui sera payé comptant.

Art. 6. — Dans le cas où sur le terrain vendu par le chef Quaben à MM. A. Le Cour et Amouroux, un emplacement serait nécessaire pour la construction d'établissements militaires ou autres le gouvernement pourrait en disposer, à charge d'en payer la valeur.

Art. 7. — Le présent contrat ne sera valable qu'après la ratification du gouverneur du Sénégal ou de l'inspecteur-général des comptoirs auxquels il sera soumis.

Fait double et de bonne foi, ce six mars mil huit cent quarante-six, au fort d'Aumale-Gabon.

Signé : J.-B. Amouroux, Quaben, chef Louis, prince Barrau.

Approuvé :

Le commandant du fort d'Aumale,.

Brisset.

LETTRE DU MINISTRE DE LA MARINE EN DATE DU 23 NOVEMBRE 1847.

Monsieur,

Vous m'avez itérativement écrit pour demander l'approbation du traité en date du 6 mars 1846, par lequel vous avez fait au Gabon l'acquisition d'un terrain situé sur la rive droite et qui vous a été cédé par le chef Quaben.

Ainsi que vous l'avait écrit M. le vice-amiral de Mackau, cet acte, par sa clause dernière, n'était subordonné, pour être valable, qu'à la ratification de l'autorité locale. Je vois qu'il a reçu celle du commandant du fort d'Aumale. La formalité qu'il exigeait doit donc être considérée comme suffisamment accomplie. Je me porte d'ailleurs volontiers à vous faire connaître que votre contrat est à mes yeux tout-à-fait régulier et qu'il vous constitue au Gabon un droit de propriété placé sous la protection de l'autorité française, et soumis aux seules restrictions qui pourraient exiger les besoins du service militaire.

Je vous réitère l'assurance de la protection qu'est certain d'obtenir de M. le gouverneur du Sénégal et du commandant de la station, le développement de vos projets d'exploitation dans cette possession nouvelle.

Recevez, etc.

Signé : Duc de Montebello.

Pour copie conforme des pièces ci-dessus.

Nantes, le 18 mai 1848.

A. Le Cour.